CHARTRES

LA CATHÉDRALE ET LA VIEILLE VILLE

TEXTE DE MALCOLM MILLER, Guide-Conférencier de la Cathédrale
PHOTOGRAPHIES DE SONIA HALLIDAY ET LAURA LUSHINGTON

CHARTRES
LA CATHEDRALE ET LA VIEILLE VILLE

Vue de loin, la cathédrale Notre-Dame de Chartres a l'aspect d'un vaisseau mystérieux, flottant dans la brume lointaine sur des champs de blé ondoyant. Ce n'est qu'au tout dernier moment que soudain, au-delà d'une dernière colline, on découvre la ville qui s'étend à ses pieds, toute bigarrée de toitures couleur poivre, de clochetons, de pignons et de clochers. Des maisons en colombage et en pierre calcaire s'entassent dans des rues étroites et tortueuses qui descendent abruptement vers la rivière, que traverse une série de ponts en dos d'âne. C'est par de tels ponts et rues que depuis mille ans les pèlerins viennent en chantant rendre hommage à la Reine du Ciel dans son palais terrestre; c'est ici que vint saint Bernard pour prêcher une croisade ainsi que Henri IV pour y être sacré; c'est également ici, jadis, dans cette ville célèbre pour son érudition, que venaient les étudiants pour écouter les leçons des maîtres de Chartres; et où, aujourd'hui encore, le pèlerin et l'érudit se mêlent à tous ceux qui viennent écouter Chartres leur parler de vérité et de beauté, du temps et de l'éternité.

L'histoire de Chartres et de sa cathédrale

Bien qu'il existe des preuves archéologiques qu'Autricum (la Chartres romaine), construite sur les bords de l'Autura (l'Eure), était relativement importante, avec son amphithéâtre et ses deux aqueducs, on ne connaît rien de sa vie religieuse ni de son évangélisation par les premiers chrétiens. Les évêques de Chartres assistèrent aux synodes du début du VIe siècle à Orléans, mais ce n'est qu'en 743 que mention est faite d'une cathédrale, lorsque Hunald, duc d'Aquitaine, s'étant querellé avec les fils de Charles Martel, pilla la ville et sa cathédrale fut détruite. La seconde cathédrale de celles que nous connaissons, déjà consacrée à Marie, fut incendiée par Hastings, un Viking, lors du pillage de la ville en 858, et la troisième, reconstruite en hâte, avec son choeur élevé sur un martyrium, fut probablement consacrée en 876, lorsque le petit-fils de Charlemagne, Charles le Chauve, offrit à Chartres sa fameuse relique, la Sancta Camisia, maintenant exposée dans le trésor de la cathédrale, sous le nom de voile de la Vierge. Ce morceau d'étoffe, qu'aurait porté Marie lorsqu'elle donna naissance au Christ, devait bientôt faire de Chartres un des lieux de pèlerinage les plus populaires d'Europe au Moyen-Age, et ses citoyens savaient non seulement que la relique constituait une source considérable de revenus, mais aussi que, grâce à elle, Marie les protégeait ainsi que leur ville. Ainsi, en 911, lorsque Chartres fut assiégée par Rollon, autre guerrier Viking, l'évêque Gantelme exposa la relique sur les remparts de la ville, et Rollon s'enfuit. Il fit la paix avec le roi Charles III, fut converti au christianisme, et se vit nommer premier duc de Normandie. Son descendant, Richard, duc de Normandie, profitant de l'absence de Thibault le Tricheur, le plus célèbre des comtes de Chartres, avec qui il était en guerre, saccagea et incendia la plus grande partie de la ville en 962. A cette époque les remparts s'étendaient tout le long de la crête de la colline qui domine l'Eure, depuis la cathédrale et le château des comtes (démoli entre 1802 et 1817), jusqu'à l'emplacement actuel de l'abside de l'église de Saint-Aignan, mais le monastère de Saint-Père-en-Vallée, célèbre pour son enseignement, était à l'extérieur des murailles. (Les moines du monastère bénédictin furent obligés de le quitter pendant la Révolution, mais son église existe toujours, ayant pris le nom de Saint-Pierre après celui de Saint-Père.)

La réputation intellectuelle de Chartres fut considérablement rehaussée par l'arrivée, en 990, de Fulbert – «le vénérable Socrate de l'Académie de Chartres» – venu enseigner à l'école de la cathédrale qui pendant les 200 années qui suivirent fut un des grands établissements scolastiques de l'Europe médiévale, jusqu'au moment de la

*

A GAUCHE: *Un roi et une reine de Juda. Portail Royal, milieu du XIIe siècle.*

CI-CONTRE: *Vue de la rivière paisible.*

fondation de l'Université de Paris en 1215, qui entraîna son déclin. Parmi les successeurs intellectuels de Fulbert figurent Bernard de Chartres, chancelier de 1119 à 1124, auquel succéda Gilbert de la Porrée jusqu'en 1141, puis le frère cadet de Bernard, Thierry de Chartres. Saint Yves de Chartres (1040–1117), et l'Anglais John de Salisbury (1110–1180), secrétaire de Thomas Becket, tout comme Fulbert furent d'illustres évêques de Chartres.

C'est pendant l'épiscopat de Fulbert qu'un grand incendie détruisit la cathédrale, en septembre 1020. En 1024 une nouvelle crypte très vaste fut construite; elle est toujours la plus grande de France. Grâce à des fonds octroyés par le roi Robert de France, Canut, roi d'Angleterre et du Danemark; Guillaume IV, duc d'Aquitaine; Richard, duc de Normandie, et Eudes, comte de Chartres-Blois, la nouvelle cathédrale romane, avec sa nef, ses bas-côtés, ses chapelles absidiales, sa tour nord, son porche ouest et son clocher, était presque achevée à l'époque de la mort de Fulbert en 1028, mais un autre incendie en 1030 retarda la consécration, qui eut lieu en 1037.

Un siècle plus tard, pendant les épiscopats de Geoffrey de Lèves (1115–1149) et Goslein de Musy (1149–1156), la cathédrale de Fulbert fut agrandie vers l'ouest; on érigea d'abord une seule tour nord-ouest indépendante (à l'origine avec un clocher en bois) qui aujourd'hui soutient la structure flamboyante construite par Jean Texier entre 1506 et 1513. Puis, pendant les décennies qui suivirent, une tour sud-ouest fut construite avec un clocher octogonal en pierre, aux proportions élégantes, qui s'élançait au-dessus d'une église beaucoup plus basse que celle d'aujourd'hui. Les cryptes furent prolongées jusqu'aux deux nouvelles tours, qui encadrent un magnifique portail sculpté (1145–1155), connu sous le nom de Portail Royal, surmonté de trois lancettes qui figurent parmi les plus belles de l'Europe médiévale.

La cathédrale gothique

Pendant la nuit du 10 juin 1194 un nouvel incendie détruisit la ville de Chartres, et la cathédrale de Fulbert fut très sérieusement endommagée. Seuls les cryptes, les tours ouest récemment construites et le Portail Royal survécurent. Cette tragédie est racontée en détails dans le *Livre des miracles de la Vierge*, écrit au milieu du XIIIᵉ siècle et traduit un peu plus tard par Jehan Lemarchand en français médiéval.

Au début, nous dit-on, le peuple se laissa aller au désespoir, croyant que la précieuse relique de Marie avait également brûlé, et par conséquent que la ville avait perdu sa protection: mais le troisième jour après l'incendie, le cardinal Melior de Pise, légat du pape qui était à Chartres la nuit du sinistre, rassembla tout le monde devant la cathédrale dont les cendres fumaient encore et exhortait le peuple à reconstruire un nouveau sanctuaire pour Marie, lorsqu'une procession apparut avec la relique intacte. Le

*

A GAUCHE: *L'arbre de Jessé, vers 1150. De l'aine de Jessé, couché au pied du vitrail, sort un tronc d'arbre. Dans ses branches sont assis quatre rois de Juda, puis Marie, et le Christ au sommet, entouré de sept colombes symbolisant les sept dons du Saint-Esprit. Dans la bordure se trouvent deux fois sept prophètes de l'Ancien Testament, qui prédirent que le Christ serait de la Maison de David.*

EN HAUT: *Saint Pierre et saint Jacques. Détail d'une peinture murale XIIe siècle dans la crypte romane de Fulbert.*

CI-DESSUS: *La Sancta Camisia, offerte à Chartres en 876 par le roi Charles le Chauve et supposée avoir été portée par Marie lorsqu'elle mit au monde le Christ. Le reliquaire est moderne.*

5

cardinal proclama alors que c'était là un signe de Marie pour qu'on lui élevât une église encore plus magnifique, et c'est avec un grand enthousiasme spontané que la reconstruction commença. Les gens se rassemblèrent volontairement dans les carrières de Berchères-les-Pierres, et tirèrent des charrettes chargées de pierres jusqu'au chantier, à quelque 10 kilomètres de là. L'évêque Regnault de Mouçon et le chapitre de la cathédrale abandonnèrent la plus grande partie de leurs importants revenus pendant les cinq années suivantes pour la construction de la nouvelle cathédrale. Le roi Philippe Auguste, qui visita Chartres en 1210, donna chaque année l'argent nécessaire à la construction du porche nord, et son fils, Louis VIII, continua, suivi par la reine, Blanche de Castille, régente de France de 1226 à 1236, qui offrit la rosace nord et les lancettes, et par leur fils, Saint Louis, qui offrit un jubé malheureusement détruit par le clergé au XVIIIe siècle. (On peut en voir des fragments, cependant, dans le trésor de la cathédrale.) Richard Coeur de Lion, quoique en guerre contre Philippe Auguste, permit aux prêtres de rassembler des dons en Angleterre. D'autres dons furent offerts par un roi de Castille, probablement Ferdinand III, qui apparaît dans une des rosaces du choeur, tout comme le prince Louis de France, fils de Philippe Auguste, et d'autres chevaliers en selle revêtus de leur armure, tous tournés à l'est comme s'ils se mettaient en route pour une croisade en Terre Sainte et portant les armoiries de leurs familles nobles, Beaumont, Courtenay et Montfort. Pierre Mauclerc, comte de Dreux et duc de Bretagne, offrit la rosace sud, et on peut le voir, avec sa famille, agenouillé à côté de leur blason au bas des cinq lancettes en dessous de la rosace, qu'ils offrirent également. Le comte de Chartres, Thibault VI, offrit une partie des vitraux du choeur.

La ville de Chartres aux XIIe et XIIIe siècles
Les marchands donateurs

Bien que Chartres ne fût pas reconnue comme commune avant la fin du XIIIe siècle, c'était une ville très prospère, administrée conjointement par le comte et l'évêque, ce qui fut parfois la cause de quelques désaccords. Au fur et à mesure que le système féodal déclinait, les campagnes furent progressivement délaissées au profit des villes en voie de développement, qui devinrent des centres de commerce de plus en plus importants. Chartres n'y fit pas exception, et de nouveaux remparts avaient été construits juste avant l'incendie de 1194 pour contenir la population croissante, surtout le long de la

rivière. De grandes foires avaient lieu pendant les quatre grands jours de fête de la Vierge: la Nativité, l'Annonciation la Purification et l'Assomption; et certains marchands jouissaient des privilèges et de la protection de l'enceinte de la cathédrale, qui, ville dans la ville, était en dehors de la juridiction du comte. Donc des relations amicales existaient entre le chapitre de la cathédrale et les marchands de la ville. En fait, les corporations de marchands offrirent 42 vitraux pour la nouvelle cathédrale, et leurs «signatures», plus de 100 scènes représentant leurs occupations, fournissent un aperçu passionnant de la vie quotidienne de la première partie du XIIIe siècle. Les dons furent si généreux et continus que les ruines de la cathédrale furent bientôt dégagées et que des entrepreneurs et artisans purent installer leurs ateliers pour commencer la reconstruction. Ils travaillèrent si rapidement que dès 1220 Guillaume le Breton, chroniqueur de la cour, dans son *Philippis* écrivit à propos de la nouvelle cathédrale:

«Nulle part dans le monde pourrait-on en trouver une autre comparable dans ses proportions, ses dimensions et sa décoration. La mère du Christ porte un amour particulier à cette église, laissant, pour ainsi dire, à un rang inférieur, toutes les autres églises . . . Aucune aujourd'hui ne saurait avoir un pareil éclat, et elle s'élève, toute neuve en ses pierres taillées, qui la parent jusqu'au niveau de la voûte; elle ne craindra jamais les ravages du feu jusqu'au Jugement dernier.»

Crypte romane et architecture gothique

La crypte de Fulbert datant du XIe siècle fut renforcée, surtout dans l'abside, en doublant l'épaisseur du mur autour des trois larges chapelles à voûte en berceau et en rajoutant entre elles des chapelles à voûte d'ogives de la fin du XIIe siècle. Cette série alternée de chapelles romanes et gothiques, larges et étroites, dans la crypte détermina la forme absidiale en demi-cercle de la cathédrale gothique au-dessus, ainsi que la disposition de ses chapelles radiales, tout comme les longues galeries à voûtes d'arête en dessous des bas-côtés de l'église gothique déterminèrent sa largeur et son orientation, et la décision de conserver le Portail Royal du milieu du XIIe siècle et ses tours adjacentes en détermina la longueur. Les architectes gothiques, cependant, l'agrandirent de deux façons: en premier lieu, en rajoutant un transept très large, de sorte que le plan géométrique re-

Suite page 12

CI-CONTRE: *Détail du vitrail de la Passion et de la Résurrection, vers 1150. A gauche et en bas, on voit la Trahison, où le baiser de Judas, l'appréhension du Christ et la coupe de l'oreille de Malchus forment une composition violente. A droite, Jésus, attaché à une colonne et portant la couronne d'épines, est flagellé par deux hommes brandissant d'énormes fouets. A gauche, en haut, Marie et Jean l'Apôtre se recueillent devant Jésus sur la croix, dont le bois est devenu d'un vert vif, transformé par son sacrifice. A droite, le Christ est détaché de la croix par Joseph d'Arimathie tandis que Nicodème retire les clous de ses pieds.*

CI-DESSUS: *Détail du vitrail de l'Incarnation, vers 1150. Dans la rangée inférieure, de gauche à droite, sont représentées l'Annonciation, la Visitation et la Nativité, où l'Enfant est placé non pas dans une auge mais sur un autel pour symboliser son sacrifice futur. Au-dessus, à gauche, les anges se montrent aux bergers dans les champs avec leurs chiens. Au milieu et à droite, les Mages se tiennent devant Hérode et lui demandent «Où est celui qui est né Roi des Juifs?», tandis que sous l'arc à gauche un scribe et un pharisien consultent les saintes Écritures.*

A DROITE: *Deux des travaux des mois – juillet, saison des moissons, et avril, mois de la renaissance de la Nature. Au-dessus on voit les signes du zodiaque correspondants, le Cancer et le Bélier. Détails de la baie gauche du Portail Royal.*

7

CI-DESSUS: *Le Cellier de Loëns est l'un des plus beaux exemples de l'architecture française de la fin du XIIe siècle. Jusqu'au XVIIIe siècle il servait de grange aux dîmes, où le clergé gardait son vin. Une longue volée de marches conduit à une salle magnifiquement voûtée. Une série de colonnes circulaires supporte des croisées d'ogives. Au-dessus s'élève une autre grande salle remarquable pour sa charpente du XIVe siècle. Aujourd'hui, le Grenier de Loëns abrite les expositions du Centre International du Vitrail.*

A GAUCHE: *Le tertre Saint-Nicolas, escalier pittoresque qui descend de la cathédrale à l'église Saint-André.*

CI-CONTRE: *L'église Saint-André actuelle, dont on voit le reflet dans l'Eure, date principalement du XIIe siècle. Une construction antérieure, probablement fondée en 960, brûla en 1134, laissant deux cryptes sous le transept. Pendant le XIIIe siècle, on agrandit l'église Saint-André en construisant un pont enjambant la rivière, sur lequel Jehan de Beauce construisit un choeur au XVIe siècle. En 1612 on ajouta une chapelle absidiale en construisant un autre pont au-dessus de la rue du Massacre (ainsi nommée à cause de l'abattoir qui s'y trouvait). Cette chapelle s'effondra en 1805 et par souci de sûreté le choeur fut démoli en 1827. L'église fut utilisée comme dépôt par les Allemands pendant la deuxième guerre mondiale et beaucoup endommagée par le feu.*

CI-DESSUS: *La cathédrale vue du sud-est, dominant le foisonnement des toitures de Chartres.*

CI-CONTRE: *L'intérieur de la cathédrale illuminé par des projecteurs. La nef est exceptionnellement large, à cause des dimensions de la crypte romane sur laquelle la cathédrale gothique fut construite, et ses voûtes ont 37 mètres de hauteur.*

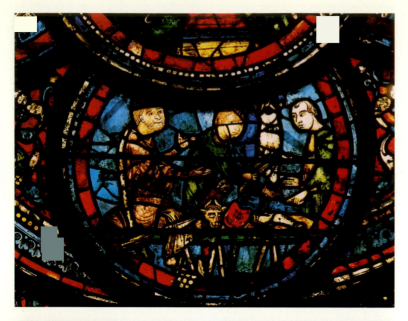

présente de façon symbolique une croix latine, et en second lieu, en haussant davantage la voûte.

L'élévation intérieure est divisée en trois: arcade, triforium et claire-voie. Le niveau inférieur, ou arcade, se compose d'une série d'arcs brisés dans la nef, le transept et le choeur. Ils supportent le triforium, galerie horizontale étroite, avec une rangée de colonnes élégantes donnant un rythme vertical et remplaçant les lourdes tribunes des cathédrales plus anciennes qui s'étendaient sur toute la largeur des bas-côtés. Au-dessus du triforium, la claire-voie est éclairée par une série de vitraux à deux lancettes avec une petite rosace cuspidée en dessus. Une série alternée de piliers circulaires à fût octogonal et de piliers octogonaux à fût circulaire divise la nef, le transept et le choeur en travées rectangulaires. Les fûts de devant passent à travers les chapiteaux, décorés de crochets et de feuillages, accentuant ainsi l'aspect vertical, et supportent des doubleaux qui enjambent la structure d'un mur à l'autre. Des ogives entrecroisées, à clefs de voûte circulaires sculptées et creuses au centre, faisant encore apparaître des traces de peinture et de dorure, divisent le toit en voûtes barlongues quadripartites. Là où les ogives et les doubleaux s'appuient contre le ressaut de l'édifice, des arcs-boutants, à l'extérieur, stabilisent leur poussée. Ce système permit à la fois de construire en hauteur, de percer dans les murs des ouvertures jamais osées jusqu'alors, et de les remplir de vitraux afin qu'ils semblent, tels les murs de la Jérusalem céleste, être ornés de toutes sortes de pierres précieuses (Ap. 21:19,20).

Les vitraux

Avec ses trois lancettes ouest d'environ 1150, la célèbre Notre-Dame de la Belle Verrière d'environ 1180, et plus de 150 vitraux du début du XIIIe siècle, Chartres possède de loin l'ensemble le plus complet de vitraux de l'époque médiévale, rassemblant ainsi une documentation incomparable sur la vie et la foi au Moyen-Age.

Enchâssés comme de gigantesques manuscrits transparents et illuminés dans des murs de pierre calcaire de Berchères, les vitraux de Chartres sont peuplés de rois et de princes et de grandes dames de la cour, portant de magnifiques habits de soie, d'hermine et de drap d'or. Il y a des chevaliers en cotte de maille, et des prêtres en vêtements somptueusement brodés couleur de rubis, safran, azur et émeraude. Des paysans en chemise de grosse toile, encapuchonnés contre les vents de mars, ou bien torse nu pour la moisson d'août, s'adonnent hors du temps à leurs occupations saisonnières, tout comme divers artisans, l'outil à la main, sculptent la pierre, tissent, ou travaillent le bois dans leurs ateliers, pour l'éternité. Des poissonniers sous un parasol coloré, des bouchers et des boulangers offrent leurs marchandises à vendre. Des marchands de fourrure et des drapiers étalent avec fierté leurs articles: un maréchal ferre un cheval, placé dans un cadre de bois; un cordonnier lace des bottines et un vigneron taille sa vigne.

On nous raconte des exploits héroïques: comment Charlemagne vainquit les Maures, et Roland tua l'infidèle Ferragut; et des vies saintes de la Légende dorée donnent l'exemple des vertus nécessaires dans ce monde pour triompher de la condition humaine, et, lors du Jugement dernier, pour entrer dans l'autre monde, la Jérusalem éternelle et céleste. Saint Nicolas et saint Martin, par exemple, illustrent la charité; saint Eustache et d'autres martyrs restent fidèles à leur foi, malgré une terrible adversité. Marie-Madeleine et saint Julien sont des pécheurs repentis, qui se voient récompenser au Royaume des Cieux.

Le sens moral de tels vitraux devait être compris de tous, tandis que les interprétations symboliques ou typologiques beaucoup plus complexes de certains vitraux bibliques n'étaient comprises que par les érudits, grâce à leur connaissance des écritures exégétiques des Pères et des docteurs de l'Eglise, tels saint Augustin, saint Jérôme et saint Ambroise de Milan, ou des commentateurs du début du Moyen-Age, tels Bède le Vénérable et

Suite page 18

CI-CONTRE ET A DROITE: *Trois détails de vitraux du début du XIIIe siècle qui représentent les donateurs, membres des corporations de marchands, travaillant à leur métier: les bouchers, qui offrirent le vitrail des Miracles de Marie; un charron, donateur du vitrail de Noé; et des sculpteurs, donateurs du vitrail de Saint Chéron.*

EN HAUT: *Détail du vitrail de Charlemagne. Dans le cercle inférieur, Charlemagne ordonne la construction d'une église en l'honneur de saint Jacques à Pampelune. En haut, à droite, se trouve la miraculeuse floraison des lances des soldats qui vont mourir à la bataille de Roncevaux et, à gauche, la bataille elle-même. Dans le losange est représentée la joute entre Roland et Ferragut. En haut, à gauche, Roland tue Ferragut et, à droite, Charlemagne retourne en France. Dans le cercle supérieur, Roland sonne de son cor et, blessé à mort, il essaie de briser son épée, Durandal, contre un rocher.*

13

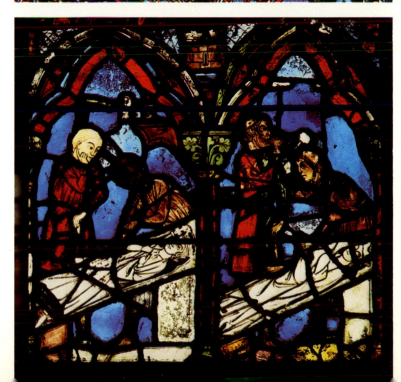

CI-DESSUS A GAUCHE: *Saint Piat, un martyr local, et saint Georges, dont la mort sur la roue est représentée sur le piédestal. Baie gauche du porche sud.*

*

CI-DESSUS A DROITE: *Le martyre de saint Thomas Becket. Baie gauche du porche sud.*

*

A GAUCHE: *L'orgueil qui tombe de son cheval. Détail de la baie gauche du porche sud, pilastre droit, côté sud.*

*

CI-CONTRE: *Personnages sur l'ébrasement droit de la baie centrale du porche sud, début du XIIIe siècle. De gauche à droite, les apôtres Paul, Jean, Jacques le Majeur, Jacques le Mineur, Barthélemy et Matthieu. Plus loin, dans la baie de droite, on voit les confesseurs saint Grégoire et saint Avit.*

14

CI-DESSUS: *Les églises Saint-Pierre et Saint-Aignan, vues de l'autre côté de la rivière.*
CI-CONTRE: *L'abside et l'autel de l'église Saint-Pierre.* Le monastère bénédictin de Saint-Père-en-Vallée fut abandonné pendant la Révolution et on donna à son église le nom de Saint Pierre. C'est au VIIe siècle que l'on trouve la première référence au monastère lorsqu'il reçut une donation de sainte Bathilde, épouse de Clovis II. Il fut reconstruit au Xe siècle par les bénédictins de Fleury (aujourd'hui Saint-Benoît-sur-Loire) et le clocher date probablement de cette époque. Après l'incendie de 1134, l'abbé Hilduard fit construire les parties inférieures du choeur actuel, le déambulatoire et les chapelles absidiales. Ensuite le côté nord de la nef fut construit à la fin du XIIe siècle; le côté sud au début du XIIIe siècle; et les voûtes du choeur de Hilduard au milieu du XIIIe siècle, avec un clairevoie-triforium peu commun, aujourd'hui éclairé par des verrières du XVIe siècle. Les 29 vitraux de la fin du XIIIe siècle et du début du XIVe siècle de l'église Saint-Pierre constituent l'une des plus belles collections de verrières médiévales d'Europe.

Isidore de Séville. Ainsi, Noé comme sauveur, Joseph, trahi et qui pardonne, David, le nouveau roi des Juifs, Moïse le législateur, ou Salomon et sa sagesse, préfigurent le Christ. De même, des paraboles, telles que celle du bon Samaritain, furent interprétées de façon symbolique. Selon Bède le Vénérable, l'homme abandonné, blessé au bord de la route représente l'humanité, spirituellement meurtrie par la faute d'Adam et d'Eve; le Samaritain est le Christ Rédempteur, l'auberge symbolise l'Eglise, et la promesse de retourner pour régler les dettes, le jour du Jugement dernier.

La sculpture des XIIᵉ et XIIIᵉ siècles

Solennelles et rigides, les statues-colonnes du Portail Royal (1145–1155), telles les acteurs d'un mystère sur les marches de la cathédrale, semblent sur le point de déclamer leur rôle. L'une, la main levée, va proclamer une grande prophétie; une autre, telle cette reine de Juda, sourit simplement en toute sérénité, assurée que de sa lignée naîtra le Christ. Puis, au-dessus de leurs têtes, apparaissent plus de 200 petits personnages, narrant les grands mystères de la naissance et de la mort

du Christ, son ascension et son retour glorieux à la fin des temps, entrecoupés de brèves scènes décrivant les tâches quotidiennes et intellectuelles de ce monde.

Comme des acteurs pétrifiés depuis le début du XIIIᵉ siècle, les statues des porches nord et sud jouent la Divine Comédie, du commencement du monde jusqu'à la fin, de la création et de la chute jusqu'au Jugement dernier, du Paradis perdu au Paradis retrouvé (voir Malcom Miller, *La Cathédrale de Chartres, Vitraux et Sculptures du Moyen-Age*, Pitkin Pictorials, 1978).

Si les vitraux rappelaient à l'homme du Moyen-Age les pierres précieuses qui garnissent les murs de la cité de Dieu, selon la description de saint Jean, à l'extérieur les portails et porches sculptés, somptueusement dorés et peints, les entrées de cette cité construite sur terre, représentent les portes du ciel. On sait qu'à l'époque médiévale, le jour de sa consécration, une nouvelle église était comparée à la Jérusalem céleste, et on lisait au peuple les passages appropriés de l'Apocalypse.

Le projet de faire construire neuf clochers fut abandonné et, le 17 ou le

24 octobre 1260, sans aucun doute en grande pompe et dans l'allégresse générale, la nouvelle cathédrale fut dédiée à l'Assomption de Notre-Dame, palais digne de la Reine du Ciel.

Chartres et sa cathédrale depuis 1260

L'admirable unité architecturale et iconographique de la cathédrale de Chartres est principalement due à la rapidité avec laquelle elle fut construite, et aussi au fait qu'elle ait survécu, presque indemne, au fanatisme du XVIᵉ siècle, à la Révolution du XVIIIᵉ siècle et aux guerres mondiales du XXᵉ siècle, n'ayant subi que de légères modifications ou additions au cours de ces 700 années.

Le XIVᵉ siècle

Une sacristie ayant déjà été rajoutée au milieu du XIIIᵉ siècle, à l'est du transept nord, la chapelle Saint-Piat fut la première à être érigée contre la cathédrale au XIVᵉ siècle, entre 1324 et 1353, et les pèlerins s'y pressaient pour voir la miraculeuse relique du saint en montant un escalier élégant ouvert entre les chapelles absidiales est et sud-est.

Entre-temps, en 1286, le comté de Chartres avait été vendu par la comtesse Jeanne au roi Philippe le Bel, qui en 1293 l'offrit à son frère, Charles de Valois, déjà comte d'Alençon et d'Anjou. Son descendant Philippe de Valois fut couronné Philippe VI de France à Reims le 29 mai 1328, et pendant les 200 années qui suivirent, Chartres fut rattachée directement à la couronne. Louis XIII éleva Chartres au rang de duché, qui resta par la suite dans la famille des Orléans jusqu'à la Révolution.

Le choix de Philippe de Valois comme roi de France, et non d'Edouard III d'Angleterre, un des petits-fils de Philippe le Bel, fut la cause de la guerre de Cent Ans. Froissart dans ses *Chroniques* raconte comment l'armée d'Edouard campant près de Chartres en 1360, un terrible

*

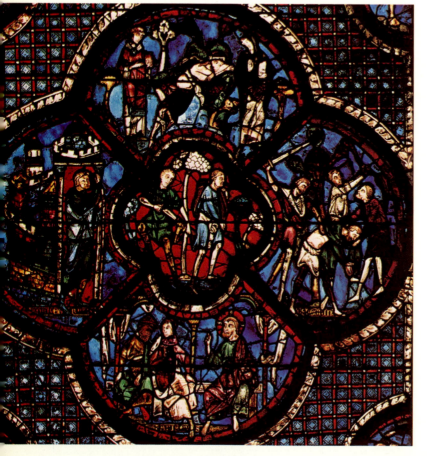

A GAUCHE: *Détail du vitrail du Bon Samaritain. Dans le demi-cercle inférieur, Jésus raconte la parabole. A gauche, un homme quitte Jérusalem et prend la route de Jéricho mais des voleurs (au centre et à droite) l'attaquent, le dépouillent de ses biens et le laissent blessé. Dans le demi-cercle supérieur, un prêtre et un lévite passent sans lui porter secours.*

CI-CONTRE: *Les arcs-boutants sur le côté sud du choeur forment un tracé compliqué et délicat.*

CI-DESSUS: *Quatre des travaux des mois de la baie droite du porche nord: février se chauffe les pieds auprès d'un feu; mars taille une vigne; mai porte un faucon au poignet; juin porte une faux. Rangée inférieure, au milieu et à droite: teillage du lin et cardage – représentations de la 'vie active' dans la baie gauche du porche nord.*

CI-CONTRE: *L'ébrasement gauche de la baie du milieu du porche nord avec des personnages de l'Ancien Testament qui préfigurent le sacrifice du Christ sur la croix. De gauche à droite: Melchisédech, à la fois roi et prêtre, comme le Christ, qui tient un calice avec du pain et du vin; Abraham qui se prépare à sacrifier son fils Isaac, comme le Christ sera* sacrifié plus tard par son père; Moïse, le législateur, montrant du doigt le serpent d'airain, symbole de la mort du Christ sur la croix; Aaron ou Samuel qui tue un agneau, autre symbole du sacrifice du Christ; et David, prophète de la Passion du Christ, qui porte la lance et la couronne d'épines. A droite on voit saint Pierre et Elie.

orage de grêle tua hommes et chevaux. Edouard vint alors à Chartres, fit une généreuse offrande à la cathédrale, et fit voeu à Notre-Dame de faire la paix; on signa alors le traité de Brétigny!

C'est en grande partie à cause de la guerre de Cent Ans que les murs de la cité durent être renforcés, et en 1356 on creusa une douve comme défense supplémentaire. Il existait alors neuf portes. A l'exception de la Porte Guillaume qui survécut jusqu'en 1944, lorsque les nazis en retraite la firent sauter, les autres portes et la plupart des remparts, ainsi que le château des comtes, furent démolis au début du XIX⁰ siècle; il n'en reste que leurs noms, la Porte Cendreuse, la Porte Drouaise ou la Porte Châtelet.

De la même façon, beaucoup de noms de rue, surtout au sud de la cathédrale, indiquent toujours les commerces qu'on y exerçait, par exemple, rue des Changes, rue aux Herbes, rue de la petite Cordonnerie, place de la Poissonnerie, rue de la Tonnellerie.

Entre la collégiale Saint-André et le monastère bénédictin de Saint-Père, toute une série de moulins furent construits le long de la rivière, là où les commerces de laine et de cuir prospéraient, ce qui, encore une fois, se reflète dans des noms de rue tels que la rue de la Tannerie, rue de la Corroierie et rue de la Foulerie. Le marché aux grains (place des Halles) resta jusqu'au XX⁰ siècle l'un des plus importants de France.

Le XV⁰ siècle

En 1413, Louis de Bourbon, comte de Vendôme, ayant été emprisonné par son frère Jacques, menacé de mort et risquant la confiscation de ses terres, fit voeu à Notre-Dame, après sa libération, de faire construire une chapelle à son honneur dans la cathédrale de Chartres. La construction de la chapelle Vendôme commencée la même année fut continuée, bien que Louis eût été capturé à nouveau, cette fois par Henri V Plantagenêt d'Angleterre, à la bataille d'Azincourt.

C'est en 1417 que Chartres tomba aux mains des Anglais et des Bourguignons et fut alors occupée jusqu'au 12 avril 1432, lorsque la ville fut libérée par Dunois et ses hommes, au service de Jeanne d'Arc. Pendant ce temps, Henri Plantagenêt, ayant été reconnu comme successeur au trône de France en 1421, marcha nu-pieds, cierge à la main, de Dreux à Chartres, le jour de l'Assomption de cette même année.

Charles VII et Louis XI comptent parmi les pèlerins et bienfaiteurs royaux qui vinrent à Chartres à maintes occasions entre 1462 et 1481,

ainsi qu'Anne de Bretagne, épouse de Charles VIII et de son successeur, Louis XII d'Orléans.

Le XVI⁰ siècle

C'est grâce à la générosité de Louis XII, qui donna 2 000 livres, et à la remise d'indulgences par le légat du pape, le cardinal Georges d'Amboise, à tous ceux qui apportaient leur aide, soit par leur travail soit par leurs offrandes, qu'en 1507 fut entreprise la construction d'un nouveau clocher pour la tour nord, l'ancien clocher en bois couvert de plomb ayant été frappé par la foudre et brûlé.

Jean Texier, dit Jehan de Beauce, fut nommé architecte, et, ayant achevé le nouveau clocher dès 1513, dans le style gothique flamboyant richement décoré de son époque, il fut alors chargé de faire élever un tour de choeur dans le même style, qu'il mit en oeuvre en 1514 et sur lequel il travailla jusqu'à sa mort le 29

décembre 1529. Les groupes sculptés dans ce tour de choeur ne furent cependant achevés qu'au XVIII⁰ siècle, selon les fonds disponibles.

Ce tour de choeur aurait pu être abandonné en 1568, et les vitraux et sculptures du Moyen-Age détruits, les reliques saintes dispersées au vent au nom du fanatisme religieux, si les murs de la cité n'avaient résisté au siège du prince de Condé et de son armée huguenote, malgré une brèche près de la Porte Drouaise. Ce quartier est depuis cette date connu sous le nom de «la Brèche».

En 1588, Henri III se réfugia à Chartres, s'étant enfui de Paris après la journée des Barricades (le 12 mai). Il s'était souvent rendu en pèlerinage à Notre-Dame de Chartres entre 1579 et 1588, et y louait deux maisons devant le Portail Royal. Il avait été précédé par d'autres pèlerins royaux, la jeune reine d'Ecosse, Marie Stuart, fiancée à François II de France, et par

Suite page 26

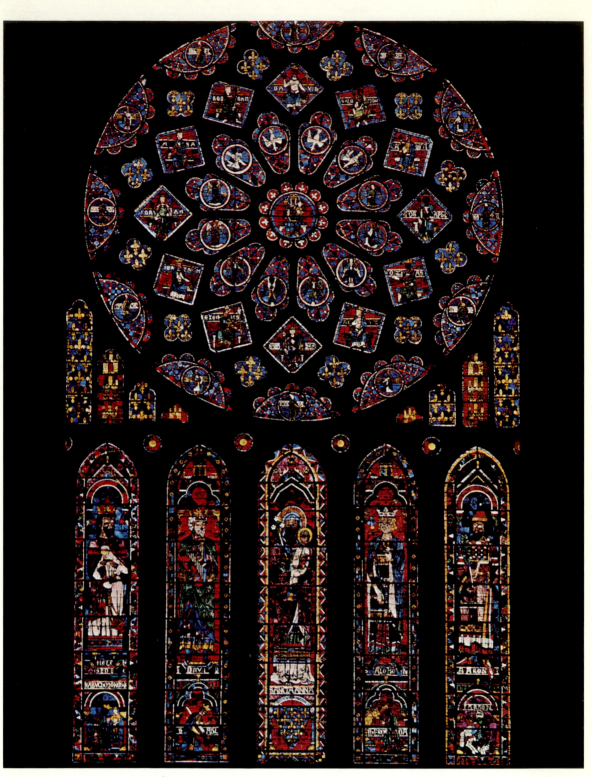

CI-DESSUS: *La rosace nord, vers 1230, offerte par la reine Blanche de Castille, dont les blasons ornent les écoinçons. Les personnages dans les cinq lancettes sont Melchisédech et Nabuchodonosor, David et Saül, sainte Anne, Salomon et Jéroboam, et Aaron et son persécuteur le* Pharaon, *qui tombe dans la mer Rouge. La rosace est composée de 12 demi-cercles contenant les 12 petits prophètes et de 12 carrés avec 12 rois de Juda; des colombes et des anges entourent la représentation centrale de la Vierge et l'Enfant.*

CI-CONTRE: *La façade occidentale de la cathédrale. Le Portail Royal, les tours et la flèche sud datent du XIIe siècle; la rosace et la galerie des rois sont du XIIIe siècle; et la flèche nord fut édifiée au début du XVIe siècle. (Photographie de Martine Klotz.)*

CI-DESSUS: *La chapelle Saint-Piat,* *qu comprend la relique de Marie et des* CI-CONTRE: *Un coup d'oeil agréable en*
ajoutée au début du XIVe siècle, abrite *fragments du jubé du XIIIe siècle,* *aval vers l'église Saint-André et les*
aujourd'hui le trésor de la cathédrale, *démoli au XVIIIe siècle.* *anciens lavoirs.*

son propre père, Henri II, en 1555, accompagné du duc et de la duchesse de Guise.

C'est la famille Guise qui fonda la Ligue en 1576 pour défendre le catholicisme contre les calvinistes, mais également pour renverser Henri III et se hisser sur le trône de France. Avant son assassinat en 1589, Henri III reconnut Henri de Navarre comme son successeur, mais le nouveau roi dut lutter pour son trône. En 1591 il assiégea Chartres, qui soutenait la Ligue, mais la ville résista pendant deux mois avant de se rendre. Plusieurs boulets de canon atteignirent la cathédrale, l'un d'eux brisant une statue de la galerie des rois, et un autre passant à travers la rosace ouest pour aller s'écraser dans le choeur. Pendant un certain temps on décida de chanter la messe dans les cryptes!

En 1593 Henri renonça au calvinisme, et Reims étant toujours aux mains de la Ligue, il fut couronné roi de France, sous le nom de Henri IV, dans la cathédrale de Chartres le 27 février 1594.

Le XVIIIe siècle

Ayant survécu presque indemne aux guerres de religion du XVIe siècle, et ayant traversé un XVIIe siècle relativement sans faits marquants, exception faite des visites de Louis XIII, Anne d'Autriche et Louis XIV, la cathédrale de Chartres souffrit, dans la deuxième moitié du XVIIIe siècle, les plus graves dégradations et outrages de son histoire, infligés tout d'abord par le clergé, puis par les révolutionnaires.

En 1753, le chapitre de la cathédrale décida de «moderniser» le choeur. Les bordures de plusieurs des vitraux du choeur du XIIIe siècle furent enlevées et on les remplaça par du verre ordinaire. En 1763 le jubé, offert par Saint Louis, fut démoli et remplacé par des grilles de fer forgé. Bridan, en 1773, sculpta le grand autel de l'Assomption, et huit vitraux dans le choeur et quatre dans le transept furent détruits afin de laisser passer plus de lumière. Aujourd'hui les huit vitraux du choeur comportent des grisailles du début du XXe siècle, et deux des fenêtres dans le transept contiennent maintenant des vitraux qui sont l'oeuvre de l'artiste chartrain François Lorin et qui furent offerts, le premier par l'Association américaine des architectes en 1954, et l'autre par les Amis allemands de la cathédrale de Chartres en 1971.

Pendant la Révolution et la Terreur qui suivit, les trésors de grande valeur de la cathédrale furent pillés, un clergé constitutionnel fut établi, le palais épiscopal fut transformé en bureaux d'administration locale, la très vénérée statue romane en bois de Notre-Dame-de-Sous-Terre fut brûlée devant le Portail Royal le 20 décembre 1793, et la cathédrale fut reconsacrée comme «temple de la Raison».

Toutes les statues, à l'intérieur et à l'extérieur, devaient être détruites. Huit statues d'apôtres dans la nef, et sept dans le porche nord furent en fait enlevées, et on suggéra même la démolition de toute la cathédrale. Certains citoyens, cependant, n'étaient pas d'accord, y compris l'architecte Morin, qui signala les difficultés que cela comporterait!

En 1795 le danger était passé, et en

Suite page 32

*

A GAUCHE: *Une maison datant du début du XVIe siècle dans la rue des Ecuyers, connue sous le nom d'escalier de la reine Berthe grâce à sa tourelle à pans de bois sculpté. Comtesse de Chartres par son premier mariage, Berthe épousa ensuite le roi Robert II (996-1031). Bien que le château des comtes de Chartres se soit dressé au-dessus des remparts juste derrière elle, il est évident que cette maison de l'époque de la Renaissance ne peut avoir aucun rapport avec la reine Berthe.*

CI-CONTRE, EN HAUT: *Le siège de Chartres par le prince de Condé et son armée huguenote en 1568. (Reproduit avec la gracieuse permission du Conservateur du Musée des Beaux-Arts de Chartres.)*

CI-CONTRE, EN BAS: *Le palais épiscopal, aujourd'hui Musée des Beaux-Arts de Chartres. Le premier palais connu sur ce site fut construit par l'évêque Yves en 1100 et détruit, comme la cathédrale, dans l'incendie de 1194. La majeure partie de l'édifice actuel date des XVIIe et XVIIIe siècles, bien qu'il y ait des parties antérieures. Derrière le palais, des jardins agréables s'étagent jusqu'à la rivière. A l'intérieur, son bel escalier à double révolution à rampe en fer forgé, sa salle italienne entourée d'un balcon, ses salles de réception et sa chapelle constituent un ensemble particulièrement élégant.*

Le musée abrite des collections impressionnantes de tapisseries françaises et flamandes, d'émaux y compris les Apôtres de Léonard Limosin Ier, de peintures d'artistes tels que Holbein, Zurbarán et Van Loo, de pièces de monnaie et d'armures. Il y a aussi des sections sur l'histoire locale et l'archéologie.

CI-CONTRE: *Le déambulatoire sud de la cathédrale avec une partie du tour de chœur construit par Jehan de Beauce entre 1514 et 1529. Il a fallu deux siècles* pour achever les 41 scènes sculptées. Le tour de chœur commence et s'achève par des scènes de la vie de Marie; au milieu s'intercalent des scènes de la vie du Christ.

CI-DESSUS: *Marie en train de coudre. Sculpture de Jean Soulas faisant partie du tour de chœur, vers 1520.*

29

CI-DESSUS: *L'autel de Notre-Dame du Pilier, datant du XIXe siècle. La statue de la Vierge, traditionnellement habillée, en bois de poirier peint, date probablement du XVIe siècle.*

*

A GAUCHE: *Le maître-autel, sculpté par Charles-Antoine Bridan en 1767-1773, représente l'Assomption de Marie, à laquelle la cathédrale de Chartres est dédiée, et l'influence de la sculpture italienne, surtout l'oeuvre du Bernin, est évidente.*

*

CI-CONTRE: *La demeure XVe siècle de l'auteur dans la rue des Ecuyers était parmi les premières des nombreuses maisons en colombage et à pignons du vieux Chartres à être restaurées pendant les années 1970. La rue des Ecuyers, où habitaient les palefreniers, passait au pied du château des comtes qui s'élevait derrière les remparts.*

1800, le jour de la fête de l'Assomption, la messe fut de nouveau célébrée dans la cathédrale de Notre-Dame de Chartres.

Les XIXᵉ et XXᵉ siècles

La vaste charpente en bois, connue sous le nom de «la forêt», au-dessus des voûtes en pierre, qui avait été dépouillée de sa couverture de plomb pendant la Révolution, fut à nouveau recouverte, mais le 4 juin 1836, à cause de la négligence des ouvriers, un grand incendie détruisit toutes les structures en bois de la toiture au-dessus de la nef, chœur et transept. Heureusement les voûtes en pierre résistèrent à cette calamité, et une nouvelle charpente en fonte, recouverte de cuivre, fut achevée en 1841.

Pendant la guerre de 1870–1871 Chartres fut occupée par les Prussiens. Bien qu'elle ne fût que très légèrement bombardée pendant la guerre de 1914–1918, elle souffrit davantage pendant la seconde guerre mondiale, surtout le 26 mai 1944, lorsque l'Hôtel de Ville fut touché et qu'on perdit une bibliothèque de manuscrits médiévaux de valeur inestimable. Pendant les deux guerres mondiales, cependant, on enleva les vitraux de la cathédrale, et ils survécurent, intacts. Jean Moulin, préfet d'Eure-et-Loir, se distingua comme principal organisateur de la Résistance française, et mourut à la suite de ses tortures aux mains des nazis. Avant de battre en retraite, les troupes d'Hitler firent sauter la Porte Guillaume et incendièrent l'église Saint-André.

Depuis 1963 un vaste programme de restauration et de conservation a été entrepris, à la fois à la cathédrale et dans la ville. Les statues les plus endommagées du Portail Royal ont été enlevées et placées dans la crypte, et des copies installées à leur place. Les trois grandes lancettes du XIIᵉ siècle de la façade ouest ont été entièrement nettoyées, restaurées et remises en plomb entre 1974 et 1976, et on a maintenant entamé la restauration des verrières du XIIIᵉ siècle.

Simultanément, et à grand soin, avec l'aide de bourses de l'Etat et de la municipalité, rue par rue, maison par maison, le vieux Chartres est en train d'être rénové, de l'église Saint-Pierre à l'église Saint-André, le long de la rivière, et jusqu'à la cathédrale, en passant par la rue Saint-Pierre, rue du Bourg, rue des Ecuyers et rue Chantault.

Ainsi de nos jours comme à travers les siècles, en temps de guerre comme en temps de paix, dans l'adversité et la prospérité, restent toujours étroitement liées l'histoire et la destinée de Chartres, de sa population et de sa cathédrale.

★

CI-DESSUS: *Une mère et son enfant allument un cierge dans la cathédrale.*

★

Toutes les photographies reproduites dans le présent ouvrage sont la propriété de Sonia Halliday et de Laura Lushington et furent prises avec un appareil Pentax 6 × 7.

SBN 85372 334 6